Weil eine Welt mit Geschichten eine
bessere Welt ist.

Hersteller / Manufacturer (GPSR)
Storylution GmbH, Biberstraße 5, 1010 Vienna, Austria
E-Mail: story.one@story.one

Kurt P. Bauer

Mein Kämpferherz

Life is a story

schreib's auf
story.one

1. Auflage 2021
© Kurt P. Bauer

Herstellung, Gestaltung und Konzeption:
Verlag story.one publishing - www.story.one
Eine Marke der Storylution GmbH

Gesetzt aus Crimson Text und Lato.
© Fotos: unsplash.com

Printed in the European Union.

ISBN: 978-3-7108-0431-1

Es gibt überall Blumen für den, der sie
sehen will.
Henri Matisse

INHALT

Die Geburt meiner Dankbarkeit

Ich erinnere mich genau. Es ist der 16. Oktober 2020 um 15.30 und ich liege im Landeskrankenhaus Schwarzach. Ich habe Schmerzen beim Ein- und Ausatmen und einen massiven Druck, der sich ringartig um meine Brust gelegt hat. Die Ärzte nennen es Angina Pectoris. Es tut mir höllisch weh und ich habe Angst.

Nach einer Stunde Beratung der Ärzte kommt der Herzchirurg zu mir, stellt sich vor und fragt mich um mein Einverständnis, einen Eingriff im Herzen zu machen, um eine mögliche Herzkranzgefäßverengung zu klären. Er sei gekommen, um mich über den Ablauf der Herzuntersuchung zu informieren. Er meint: „Unser Team besteht aus zehn Personen, von denen jede eine spezielle Aufgabe hat. Das Ganze findet in einem hochsterilen OP-Saal statt. Ihnen wird eine Sonde, an dessen Ende eine Minikamera ist, in die Arterie der rechten Hand bis in das Herz einführt, um den genauen Zustand des Herzens, der Herzkranzgefäße und der Arterie zu sehen. Schäden können dann auch unmittelbar behoben werden. So ist es möglich, bei Engstellen in der Arterie diese mit einem Blasebalg zu dehnen und dann einen Stent zu setzen, der die Arterie dauerhaft offenhält. Ihr Herzschlag ist konstant, Puls und Blutdruck gut. Während der OP sind Sie bei vollem Bewusstsein."

Ich hörte den Erläuterungen des Oberarztes scheinbar gelassen zu. Als er mich dann fragt, ob ich noch etwas wissen wolle, sage ich: „Habe ich richtig gehört, dass Sie am schlagenden Herzen operieren? Und ich bin bei Bewusstsein?" „Ja, Sie haben richtig gehört und Sie können, wenn Sie wollen, dabei zusehen! Denn im OP ist ein riesiger TV-Schirm, auf dem Sie ihr schlagendes Herz sehen können. Auch ich orientiere mich an dem, was ich sehe." Ich bin perplex und sage: „Ich will zusehen!" Damit gebe ich meine Zustimmung zur OP. Ich fühle tiefe Zustimmung und Dankbarkeit. Ich bin auf das Kommende gespannt. Allerdings, von der Dimension des Geschehens habe ich keine Ahnung. Aber ich bin bereit.

Eine Stunde später bin ich in der Schleuse zum OP-Saal und werde steril verpackt. Die Leute vom Herz-Team grüßen mich freundlich. Es geht ganz locker zu. Ich liege auf einem Spezialbett, bin angeschnallt und bekomme klare Verhaltensregeln. Meinen Kopf kann ich nach links und rechts drehen. Ich dürfe jederzeit reden. Auftretende Schmerzen hätten Vorrang und ich solle sie sofort zum Ausdruck bringen. Auf keinen Fall solle ich meine Hand aus der sterilen Abdeckung herausstrecken und falls ich schwitzen würde, solle ich das sagen und jemand würde mir die Stirn abtupfen. Natürlich mit einem sterilen Tupfer. Auch bei Durst würde für mich gesorgt werden. Jetzt würde ich noch verkabelt werden und dann könne der Eingriff beginnen! Meine Frage, ob jemand mit meiner Kamera einige Bilder machen könne, löst allgemeine Heiterkeit aus. Der Chirurg klärt mich auf: „Das geht nicht, das ist nicht steril." Ich verstehe und lache mit.

Einige Minuten später geht es los. Die Türen zum OP-Saal öffnen sich und ich rolle in eine neue Welt.

ANGIOPLASTY

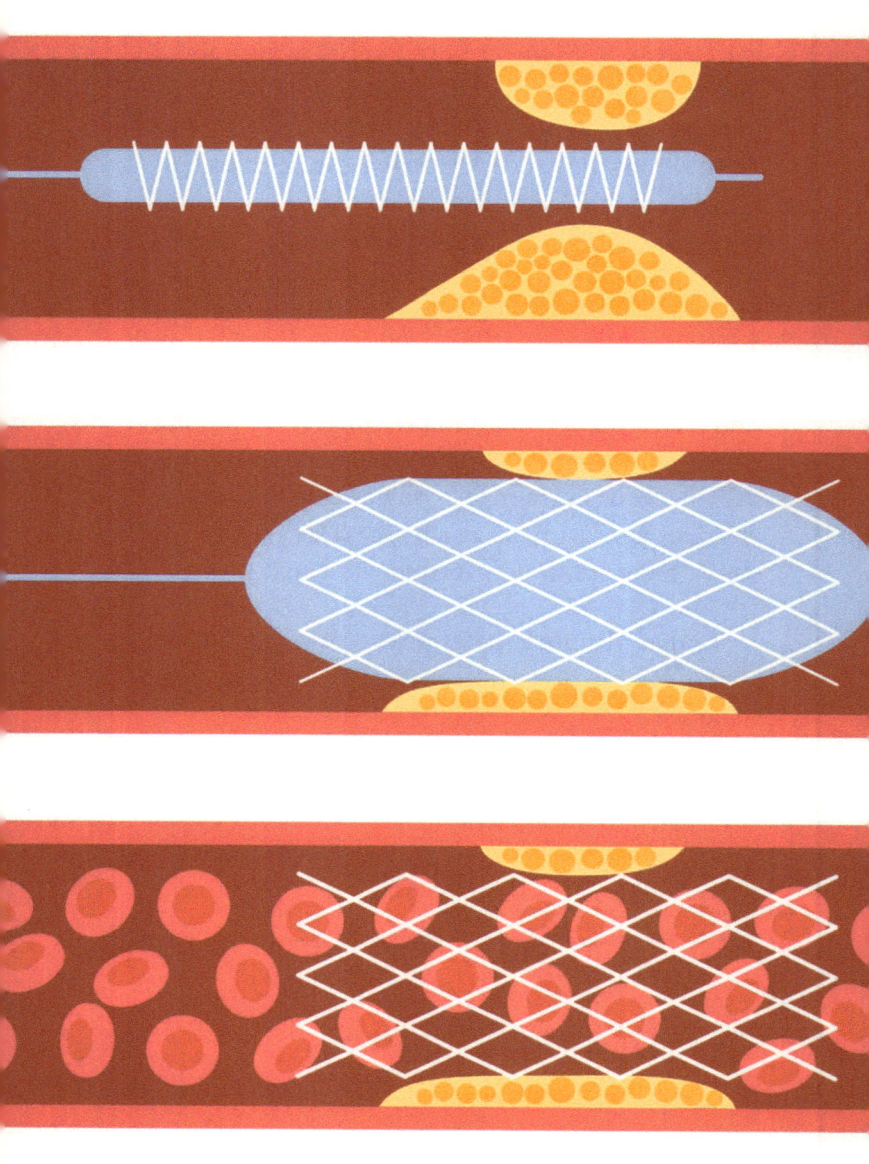

Die Herz-OP

Der Raum ist groß und hell. Ich werde mit meinem Bett in den OP-Saal an einen bestimmten Platz geschoben. Ein Assistent in Blau erklärt mir: „Ich bin dabei, Sie mit dem Computer zu verkabeln. Die Hauptbühne des Geschehens ist der große Monitor unmittelbar vor Ihnen. Mit dem Computer werden tausende Röntgenbilder erzeugt, die es ermöglichen, in Ihr Herz hineinzuschauen. Es ist ein Herz-Navi, eine lebendige Landkarte, die es ermöglicht, nach innen zu sehen. Der Oberarzt kann mit der Sonde ins Herz fahren und darin operieren."

„Herr Bauer!", meldet sich der Oberarzt zu Wort, „Wir sind jetzt soweit. Ich werde jetzt die Sonde in die Arterie einführen. Gleich sehen Sie Ihr Herz stark vergrößert auf dem Schirm."

Nach einer Weile wendet sich der Oberarzt wieder an mich: „So, die Untersuchung ist abgeschlossen. Zwei Arterienstämme sind in Ordnung, aber der Arterienstamm vorne hat zwei Engstellen, die ich jetzt beseitigen werde. Zuerst werde ich die eine Engstelle mit einem kleinen

Ballon dehnen und dann einen Stent setzen. Das ist ein Drahtgeflecht, das die Engstelle offenhält. Mit der zweiten Engstelle verfahre ich genauso. Die Engstellen zeige ich Ihnen und vergrößere sie, sodass Sie sie besser erkennen können. – Sehen Sie, Herr Bauer, das hier ist die Ursache der Schmerzen in Ihrer Brust." Die Engstelle sieht aus wie eine Delle nach innen in einem Schlauch: „Jetzt werde ich die Arterie dehnen", fährt der Oberarzt fort, „ich habe dazu einen Ballon, den ich aufblasen werde. Ich biege damit die Delle nach außen. Das kann kurzzeitig schmerzhaft werden." Kaum hat er ausgesprochen, spüre ich einen rasenden Schmerz in meiner Brust, der so heftig ist, dass es mir den Atem raubt. Ich keuche und bringe gerade noch heraus: „Das ist äußerst schmerzhaft." „Gleich vorbei!", tröstet mich der Chirurg. Tatsächlich lässt der Schmerz etwas nach. „Das ist heftig!", schnaufe ich und atme durch. „Gleich fertig", informiert mich der Oberarzt, „ich füge bei der ersten Engstelle den Stent ein. – So, das sieht gut aus!" Er zeigt mir im Herz-Navi den neuen Stent. Jetzt kommt noch die zweite Engstelle dran: „Sie wissen ja schon, was passiert!", meint er. Ja, ich weiß jetzt, was kommt und ich kann mich darauf einstellen. Aber das hilft wenig. Ich bin ausgeliefert. Der Schmerz überwältigt mich. Mir schwinden die Sinne.

Jemand klopft mir auf die Schulter. Ich komme zu mir und sagt: „Der Oberarzt will Ihnen was sagen." „Herr Bauer, wir sind fertig! Die OP ist gelungen. Sie bekommen noch einen arteriellen Druckverband. Es war gut, dass wir diese Untersuchung gemacht haben. Die Ursachen ihrer Angina Pectoris und der Schmerzen sind beseitigt! Noch eine gute Nachricht: Ihr Herz ist in sehr gutem Zustand und Ihre Probleme sollten gelöst sein. Ich werde jetzt den Bildschirm abschalten und wünsche Ihnen alles Gute." Der Bildschirm ist leer.

Ich erlebe tiefe Verbundenheit mit meinem Herzen. Ich bin dankbar für mein Leben.

Mein lebendiges Herz

Die Erfahrung, mein Herz pulsieren zu sehen und dem unmittelbar ausgesetzt zu sein, macht mich sprachlos. Ich suche nach Worten, um mein Berührt-Sein auszudrücken. 200 Prozent vergrößert sehe ich mein Herz vor mir am Bildschirm pochen. In meiner Brust hat es die Größe einer Faust. Es ist nicht einfach das Herz. Es ist eingebettet in einer Unzahl an Gefäßen und Adern, die sich immer mehr verfeinern. Dieses Organ versorgt jeden Moment alle Zellen im Körper mit Blut. Mitten in dieser Verästelung an Adern kurvt mein Chirurg mit seiner Sonde herum. Das Herz schlägt ruhig und gelassen weiter. Das medizinische Tentakel, welches in die Arterie der rechten Hand eingeführt worden ist, ist ein medizinisches Wunderwerk. Verbunden ist es mit einem fein justierten Röntgengerät, das in Millisekunden einzelne Bilder schießt und diese auf den Bildschirm projiziert, so dass es wie ein Film zu sein scheint. Diese Bilder ermöglichen es dem Arzt, eine genaue Orientierung im Wirrwarr der Herzkranzgefäße zu haben, um seine Arbeit in der Arterie präzise durchführen zu können. Gleichzeitig schlägt mein Herz in meiner

Brust. Lebendig und stark. Eine überwältigende Erfahrung.

Ich fühle mich tief verbunden mit dem Leben und erkenne, dass ich nicht der Geber meines Lebens bin. Eines Tages wird mein Herz aufhören zu schlagen. Dann bin ich nicht mehr da. Mein Körper ist tot. Was mich ausmacht wird leben. Damit bin ich einverstanden und erfüllt von Dankbarkeit. Ich bin dankbar, dass ich mein Leben fühle, spüre und auf dem Bildschirm sehen kann. Das ist mein Herz in mir.

Für den Chirurgen ist der Bildschirm ein Herz-Navi, das er benützt, um die Engstellen in der Arterie aufzulösen. Damit löste sich der brachiale Ring um meine Brust. Ich bin dankbar für unser großartiges Gesundheitssystem, die Nuklearmedizin und das Können unserer Ärzte.

Ich litt schon lange an den drei Verengungen der Arterie. Sie verursachten mir Schmerzen und Dauerstress. Überanstrengung, Müdigkeit und ständige Einnahme von Medikamenten waren die Folge. Jetzt kann ich aufatmen. In bleibender Erinnerung bleiben mir zwei Schmerzen, die ich erlitt, als meine Arterien ausgebeult und die Stents eingesetzt wurden. Mir blieb der Atem weg und mir schwanden die Sinne. Es schleuderte mich regelrecht aus mir hinaus. Was war dann? Ich weiß es nicht.

Im Nachhinein kommt es mir alles zusammen wie eine gefühlte Ewigkeit vor, die ich in und mit meinem Herzen verbracht habe. Es wurde mir erst später klar, dass es nur an die 35 Minuten waren, in denen ich unter diesem Einfluss des Geschehens lag.

Ich sinne nach und denke mir: Gut, dass es vorbei ist. Ist es wirklich vorbei?

Meine Nahtoderfahrung

Ich entscheide mich, Florian aufzusuchen. Er empfängt mich freundlich und nachdem wir Platz genommen haben, fragt er mich mit etwas schief gestellten Kopf: „Na, wie geht's denn so?" „Schlechte Frage", sage ich, „bis vorhin ging es mir noch gut. Jetzt geht es mir: Ja, Nein, vielleicht oder schon? Aber jetzt möchte ich selber gern wissen, wie es mir geht!" Er schaut mich mit seinem klaren Blick an. Ich weiß, was er mich jetzt fragen wird und schließe eine Wette mit mir selber ab. Florian sagt: „Wie fühlt es sich denn im Körper an?" Gewonnen! Genau das habe ich mir gedacht. Soll ich ihm eine Antwort geben oder stehe ich auf und geh einfach. Aber dann brauch ich nie mehr wieder zu kommen, ich dialogisiere mit mir selber und bin abgeschweift.

Florian stupst mich an und fragt noch einmal nach. Ich antworte: „Ich kann wirklich schwer fassen, wie es mir jetzt geht, aber ich kann Ihnen erzählen, was ich dachte, bevor ich Sie getroffen habe." Florian nickt mit dem Kopf und sagt: „Ja, tun Sie das!"

Ich erzähle ihm die Geschichte meiner Herz-OP, die ich in der Nuklearmedizin Schwarzach erlebt hatte. Gegen Ende meiner Erzählung sage ich: „Da ist irgendetwas, das mich in dem OP-Geschehen festhält und gleichzeitig ist mir zum Davonlaufen zumute." „Wollen Sie denn davonrennen, Herr Bauer?", fragt er und sagt: „Sie können das natürlich machen." Ich denke nach und lasse mir Zeit. „Nein, ich will nicht davonrennen, da hätte ich ja gar nicht kommen müssen. Ich glaube schon, dass ich weiß, dass etwas ansteht. Das spüre ich körperlich", antworte ich.

„Lassen Sie bitte Ihr `Anstehen´ zu?", lädt Florian mich lächelnd ein. Ich nicke und lasse mich anstehen. Ich sage: „Ich stehe an!" und atme tief durch. Ich spüre, wie ich mich entspanne. Das tut mir gut. Langsam komme ich zu mir, schaue mich um und sage: „Jetzt bin ich angekommen. Ich bin da!"

Florian schaut mich nachdenklich an und sagt dann: „Ich mache Ihnen einen Vorschlag: Wenn Sie wollen, können wir in die Situation, die Sie in der OP erlebt haben, zurückkehren. Sie holen die Erinnerung her, stellen sich die Situation vor und nehmen Kontakt mit ihr auf. Dazu können Sie sich dort auf die Liege legen und sich entspannen. Ich begleite Sie bei Ihrer inneren Reise und schütze Sie vor dem Rationalisieren, damit Sie sich nicht selber blockieren. Damit haben wir eine Möglichkeit herauszufinden, was Sie in der Situation festhält. Es ist nicht ungefährlich. Was sagen Sie dazu? Sie können sich frei entscheiden." Ich denke nach und sage dann: „Ungefährlich oder nicht, das kann doch nicht die Frage sein. Ich packe es an und will wissen, was mich festhält!" Florian nickte zustimmend: „Dann machen wir es so!" Ich stehe auf, gehe zur Liege und lege mich darauf. Florian richtet das Kopfteil ein, damit ich bequem liege. Ich entspanne mich und atme tief ein und aus. Langsam fällt alles von mir ab.

Dann tauche ich in meine Erinnerung ein: „Ich erinnere mich! Ich habe das Geschehen bei mir!"

Jesusbegegnung

Ich sage: „Ich bin jetzt an dem Punkt, als die Arterie gedehnt wird und fühle Schmerz in der Brust." „Wie erleben sie den Schmerz?", fragt er nach. „Brennend heiß, schwarz, zerrend, er unterbricht, schleudert mich hinaus!", antworte ich und atme dabei heftig: „Was ist da los?" „Bitte rationalisieren Sie nicht. Hinterfragen Sie nicht. Lassen Sie das zu, was ist. Auch den Schmerz! Es ist, wie es ist!", regt Florian mich an. „Ich fühl nicht. Ich bin außerhalb von mir. Getrennt von mir", stottere ich heraus. „Schauen sie sich um, wo sie sind", leitet mich Florian an. „Auf der rechten Seite! Hinter mir." Ich habe die Wahrnehmung, dass ich hinter mir stehe. „So ist es", bestätigt er und fährt ruhig fort, „nehmen sie mit sich selber Kontakt auf?" „Ja", bestätige ich, „das habe ich. Fühlt sich kalt und dunkel an." Ich fahre fort: „Mir geht es so, als hätte ich eine Nahtoterfahrung." „Ja", sagt Florian, „so ist das? Halten Sie sich bitte mit dieser Erfahrung aus! Nehmen Sie sich an." Ich fühle in mich hinein und sage: „Tot, starr, bewegungslos, Angst, Angst, Angst." „Lassen Sie bitte die Angst zu. Atmen sie tief und schauen sie, was Ihnen Angst macht", fordert mich Florian auf. Ich lasse mich auf meine Angst ein. Ich atme ein und aus. Dann weiß ich es plötzlich und sage: „Ich habe Angst, dass ich in diesem Totzustand stecken bleibe." Florian sagt: „Atmen Sie tief ein und aus. Es ist so, wie es ist." „Ich fühle Totzustand", sage ich. „Wie fühlt sich Totzustand an?", fragt Florian. „Nicht. Ich fühle nicht. Ich bin nicht", sage ich und fahre fort: „Angst ist nicht" „Lassen Sie ‚nicht' zu." Ich lasse ‚Nicht' zu, spüre dem nach und fühle einen Panzer auf der Brust, der langsam abbröckelt. Plötzlich weiß ich es und sage: „Ich weiß, was mir Angst macht. Ich will in diesem Todzustand nicht bleiben und will heraus." Florian sagt: „Ja, das können Sie machen!" Mich packt übermächtige Angst und ich frage: „Darf ich das überhaupt?" „Ja, das dürfen Sie!", unterstützt mich Florian. Ich habe einen Angstkloß im Hals und zittere. Ich trau mich kaum, es auszusprechen: „Jesus! Lass mich nicht im Stich!", sage ich mit krächzender Stimme, „lass mich nicht im Tod." Unmittelbar höre ich Jesus sagen: „Ich lasse dich nicht im Stich Kurt!" Ich sage Florian, dass mir Jesus eben gesagt hat, dass er mich nicht im Stich läßt. „Das ist gut, damit haben sie den Bann des Todes durchbrochen!" Mir laufen die Tränen über die Wangen und ich weine befreit.

Florian sagt zu mir: „Nehmen Sie sich Zeit, diesen intimen Augenblick zu erleben. Ich warte auf Sie." Ich bin Florian dankbar und ziehe mich in das Zwiegespräch mit Jesus zurück. Wie ich die Augen öffne, sehe ich, dass Florian neben mir sitzt und mich ruhig ansieht.

Einige Zeit später sitzen wir beieinander und ich sage: „Jetzt bin ich wieder bei mir!" "Ich sehe das auch so", bestätigt Florian, „ich bin erleichtert und erlebe eine helle Energie bei Ihnen." „Florian", sage ich, „Sie sind ein Engel und ich bin dankbar, dass Sie mir zur Seite stehen."

Berührangst

Ich bin dreimal geimpft und fühle mich geschützt und wohl. Aber ich verstehe die Impfgegner auch. So fremd ist mir diese Position nicht. Als Kind, so mit sechs Jahren, erinnere ich mich daran, dass ich mir eines Tages den Fuß verletzt hatte. Meine Eltern sagten mir, dass wir jetzt zum Arzt gehen, damit er mir eine Tetanusimpfung verabreicht, die mich gegen eine sehr schwere Krankheit schützt. Mich überfiel eine ungeheure Angst und ich verkroch mich unter den Tisch und klammerte mich an das hintere Tischbein. Meine Mutter sagte zu mir: „Das tut auch gar nicht weh! Eh nur ein Piekser. Ich hatte panische Angst. Schrie und trat um mich. Meine Eltern waren hilflos.

Aber die Angst vor Spritzen hat mich sehr lange begleitet. Allein eine Spritze zu sehen, trieb mir den Angstschweiß aus den Poren.

Dann musste ich eines Tages zum Arzt. Er wollte mir Blut für eine Untersuchung abnehmen. Als er mit der Spritze zu mir kam, sah er sofort die aufsteigende Panik in meinen Augen. Ich schwitzte und verkrampfte mich: "Haben sie Angst vor der Spritze?", fragte er mich. Ich nickte und versuchte, Fassung zu bewahren: "Schon lange?", fragte er mitfühlend: „Ja," sagte ich, „sehr lange!" „Ich verstehe sie. Ich habe ein mentales Werkzeug für sie, mit dem man die Angst wegmachen kann." Ich nickte völlig verblüfft: „So etwas gibt es wirklich?", frage ich ungläubig. Er nickte.

"Stellen sie sich vor, dass sie einen digitalen Fotoapparat im Kopf haben. Können sie das?", fragte er mich. Nachdem ich bejaht hatte, fuhr er fort: „Machen sie ein Foto von der Spritze im Kopf. Augen zu! Augen auf! Fertig!" Ich war voll dabei. Ich schloss die Augen kurz und öffnete sie sofort wieder: „Jetzt geht es weiter: Schließen sie jetzt die Augen und öffnen sie sie bitte erst wieder, wenn ich es Ihnen sage." "Einverstanden?", sagte der Arzt. „Ja, einverstanden!" Ich schloss die Augen. "Jetzt gebe ich Ihnen einen Ton zu hören, bitte lassen sie die Augen zu", sagte er. Dann hörte ich einen Ton. Hell und klar, wie die einer kleinen Glocke. "Bitte öffnen sie jetzt die Augen." Ich öffnete meine Augen und sah den Metall-Mörser in seiner Hand mit dem Stößel darin. Er drückt mir beides in die Hände und fragte mich: "Wie fühlen sich die Dinge an?" "Kalt, etwas rauh, schwer, metallisch. Die Farbe ist dunkel gelb." "Machen sie Fotos davon. Nein. Besser ist, sie drehen ein kleines Video. Bevor sie anfangen: Ich schenke Ihnen die Digitalkamera im Kopf." Ich bedankte mich und wir lachten beide herzlich. Ich spürte, das Eis war gebrochen. Ich war neugierig, was als nächstes kam. Ich schloss die Augen und sah den Mörser vor mir und sagte: "Ja, ich sehe und spüre den Mörser und den Stößel mit seinem Gewicht in meinen Händen. Ich probiere den Stößel aus." Dong, Dong, Dong machte es. Jetzt mache ich einen Film davon!" Kurz darauf war ich fertig und er nahm den Mörser wieder an sich und sagt: „Ab jetzt arbeiten wir nur mehr an der Vorstellung." Ich nickte bejahend.

Glück kann man lernen

"Gut!", sagte der Arzt. "Jetzt verbinden sie ihre Spritzenangst mit der Spritze. Haben sie es gemacht?" Ich bestätigte seine Anweisungen. „Wenn sie bereit sind, dann zerstören sie jetzt die Angst-Spritze in der Vorstellung." Ich nickte zustimmend. Der Arzt sagte: "Bitte schließen sie jetzt die Augen. Geben sie die Spritze in den Mörser, nehmen sie den Stößel in die Hand und zerstören sie die Spritze. Stoßen sie kraftvoll mit dem Stößel in den Mörser, in dem die Spritze liegt und hören sie, wie sie krachend zerbirst. Halten sie den Mörser in einer Hand und den Stößel in der anderen fest. Machen sie das bis sie aus der Spritze grobes Material gemacht haben."

Ich werkte, was das Zeug hielt. Ich erlebte, dass sich meine Muskeln im Rhythmus des Stößel spannten und lösten. Ich schwitzte. Dann war es geschafft: "Sind sie fertig?", fragt mich Florian?" "Ja," sage ich, "ich habe die Spritze pulverisiert!" "Gut gemacht! Zum Schluss stellen sie sich bildlich vor, wie sie die Reste in das WC leeren. Spülen nicht vergessen! Jetzt öffnen sie wieder die Augen. Strecken sie sich und lockern sie sich aus. Na, wie wars?"Ich schaute mich um und nahm die Umgebung wieder wahr. Ich war beeindruckt und bedankte mich bei meinem Arzt für das mentale Werkzeug und seine Unterstützung.

Der Arzt saß mir gegenüber und schaute mich freundlich an. „Jetzt sollten wir das noch machen, wozu sie gekommen sind. Die Blutabnahme. Wissen sie, eines möchte ich Ihnen noch mitgeben. Dieses mentale Werkzeug ist dazu da, den Weg freizumachen, dass sie sich entspannen können, während ich Ihnen das Blut abnehme. Aber an der Blutabnahme sollte nichts vorbeiführen, weil ich das Ergebnis für die Diagnose brauche. Leben geht vor!" Ich nickte und er führte mir mit routinierter Bewegung die Nadel in die Vene ein und dann rann mein Blut in die Philoen. Ein wenig später war es vorbei und er versorgte die Einstichstelle mit einem Pflaster.

Was soll ich sagen. Es war eine erstaunliche Erfahrung: Ich weiß, dass dieses mentale Werkzeug funktioniert und ich mache oft Gebrauch davon. Ich mache die Erfahrung, dass ich Macht über meine Ängste und Vorstellungen habe. Dafür bin ich dankbar. Ich denke mir, dass vielen Impfgegnern dieselbe Berührangst in den Knochen steckt, wie bei mir.

Also das mentale Werkzeug MRA (Mental Recycling Aktiv) kann jeder ausprobieren. Die nächste Angst kommt sicher.

PS.: MRA wird in meinen Geschichten immer wieder vorkommen. Ich habe vor 10 Jahren ein Buch mit dem obigen Titel verfasst. Wem es interessiert, es gibt einige Exemplare noch antiquarisch.

Gespräch mit einem Ungeimpften

Ich sitze mit Alfred, einem Diakon, in der Küche seines Pfarrhauses. Wir trinken Kaffee. Alfred räuspert sich und sagt: „Schön, dass du wieder einmal vorbeischaust. Jetzt haben wir uns schon lange nicht gesehen." „Wie geht es dir Alfred?", frage ich: „Mir geht es ganz gut!", sagt er, "es ist ziemlich stressig. Die Menschen sind verunsichert. Sie suchen Rat und Hilfe, möchten aber häufig, dass ich für sie entscheide, ob sie sich impfen lassen sollen oder nicht." „Warum lässt du dich nicht impfen, Albert?"

Alfred räuspert sich und sagt: "Richtig! Ich habe nichts gegen die Impfung. Mir selber tut es nicht gut, das habe ich bei anderen Impfungen erfahren und ein naher Verwandter von mir ist durch einen anaphylaktischen Schock gestorben. Den hat eine Hornisse gestochen. Außerdem rede ich mit Menschen, die zu mir kommen, darüber, dass man vielem von dem, was derzeit im TV gesagt wird, nicht trauen kann. Ich schütze mich, indem ich Abstand halte und mich regelmäßig testen lasse. Wie du siehst Kurt, trage ich auch bei unserem Gespräch eine Maske." "Hast du heute die Zeitung gelesen oder Nachrichten gehört?" frage ich. Alfred nickt und ich fahre fort: „Die Inzidenzzahlen sind dramatisch gestiegen. Was aber noch viel schlimmer ist, dass die Intensivbetten nahezu alle belegt sind. Noch dazu mit vielen Ungeimpften!" „Also meiner Meinung nach muss man das ein bisschen breiter sehen." sagt er: "Es geht einfach nicht nur darum, was hier bei uns passiert, sondern auch darum, dass es in armen Ländern überhaupt keinen Impfstoff gibt. Da nehme ich mich nicht ganz so wichtig. Die reichen Länder sind gegen die arme Welt. Das finde ich ungerecht." „In der Zeitung," sage ich, "habe ich einen Aufruf von Papst Franziskus gelesen, in dem dieser sagt: ,Alle Christen haben die moralische Pflicht, sich impfen zu lassen!" „Naja" meint er, "aber der Papst sagt eben auch, dass die westliche Welt den Armen endlich genügend Impfstoff zur Verfügung stellen soll, weil viele von ihnen noch nicht einmal den ersten Stich haben. Es geht auch darum, dass es Gewinner gibt, die das große Geschäft mit der Krise machen –die Game Changer!" „An wen denkst du da?", frage ich ihn. „An die Pharmaindustrie, an wen sonst? Die machen doch das große Geld!"

„Was wäre, wenn es die Pharmaindustrie nicht gäbe?" frage ich, "dann gäbe es keinen Impfstoff? Was dann?" „Dann gäbe es sicher andere Alternativen!", sagt Alfred. "Welche denn?", frage ich ihn. Alfred winkt ab.

„Du führst gesundheitliche Argumente an, dass du dich nicht impfen lässt. Hast du darüber mit deinem Arzt geredet?", frage ich ihn. Alfred sagt: „Naja, das habe ich nicht getan. Ich entscheide das schon für mich selber. Schließlich leben wir in einer Demokratie und da muss ich mich ja nicht schuldig fühlen, weil die Inzidenzzahlen nach oben gehen und die Intensivbetten knapp werden. Kurt, ich danke für das Gespräch. Du machst mich schon nachdenklich und ich werde darüber nachdenken, ob ich mich impfen lasse."

Interview mit einem Corona-Genesenen

Es ist Donnerstag und ich bin bei einem Fotogeschäft , um mir ein Stativ zu kaufen. Als ich das Geschäft betrete, kommt mir ein freundlicher, etwas beleibter Mann entgegen. Auf seinem Anstecker steht: Matthias. Er begrüßt mich und fragt: „Was kann ich für sie tun?" Ich erkläre ihm mein Anliegen und er antwortet: „Ich habe das Richtige für Sie!" Er geht nach hinten und bringt ein Stativ, klappt es auseinander und streckt es mir entgegen. Es sieht, dass meine Hände zittern und meint "Haben Sie Parkinson?" "Ja," sage ich, "mit dem Stativ kann ich mich stabilisieren". „Tut mir leid," sagt er, "ich war eben 4 Wochen in der Klinik für Long-Covid-Patienten." Meine Neugier ist geweckt, ich habe noch nie persönlich einen Covid-Kranken getroffen. „Wie geht es Ihnen jetzt?" ist meine Frage. Er meint: „Inzwischen wirklich gut. Ich war auf der Intensivstation und da ging es mir elend. Ich war dem Tod näher als dem Leben." Das Eis war gebrochen undMatthias beginnt zu erzählen: „Begonnen hat es so: Am 23. Dezember 2020 erhielt ich die Mitteilung, dass ich an Corona erkrankt bin. Ich habe mir nicht viel dabei gedacht, weil es mir gut gegangen ist. Ich habe meinen Laden zugesperrt. Ich bin Fotograf. Dann wurde ich noch einmal getestet und war positiv. Nun folgte die Quarantäne. Am 27. Dezember ist es mir dann so schlecht gegangen, dass ich in der Nacht um 3h früh mit dem Notarzt in die Landesklinik Salzburg eingeliefert wurde. Der behandelnde Arzt teilte mir mit, dass ich diese Nacht überstehen müsse. Helfen könne er mir nicht. Durch den Zufall, dass ich Asthmatiker bin und deswegen einen bestimmten Medikamentenspray benutzte, hatte ich einen Schutz in der Lunge. Dadurch habe ich Corona überlebt.

Als ich entlassen wurde, dachte ich, ich habe es überstanden. Doch dann merkte ich, dass ich keine Kondition mehr hatte und kaum noch gehen konnte. Das hat sich in den nächsten zwei Monaten stabilisiert. Dann entwickelte sich etwas, was ich zuerst gar nicht auf die Reihe bekam, das sogenannte Long-Covid-Syndrom. Angefangen hat es damit, dass ich nicht mehr lesen konnte. Dann bekam ich Probleme mit Zahlen und habe nicht mehr rechnen können. Und so ist es weitergegangen. Ich hatte Mühe, Wörter zu finden, sie waren einfach weg aus meinem Kopf. Wenn mir irgendwas zu viel war, war ich plötzlich wie ausgeschalten. Eine unerklärliche Müdigkeit übermannte mich als Sekundenschlaf. Ich konnte nichts dagegen machen. Meine Frau erzählte mir, ich sei eingeschlafen, während sie mit mir gesprochen habe. Vier Stunden später wäre ich wieder wach und redete an der Stelle weiter, an der ich aufgehört hatte. Das hört sich vielleicht witzig an, es war aber ein Martyrium für mich.

Für mich gibt es zur Frage des Impfens keine Diskussionen. Wir haben nur einen Weg, um aus dem Ganzen heraus zu kommen. Mein Appell an Ungeimpfte ist: Lasst euch impfen!

Ich selbst habe mich nun auch schon impfen lassen und kann sagen: Ich fühle mich dadurch besser und geschützt. Ich bin dankbar für mein Leben.

Lockdown to Go

Heute ist der 22. November 2021. Der 4. Lockdown in Österreich hat begonnen. Dieses Mal trifft er mich nicht unvorbereitet. Im 1. Lockdown habe ich erlebt, dass ich auf einmal stehen geblieben bin. Meine Füße gehorchten mir nicht. Ich nahm zwar meine Umgebung war, aber ich war festgefroren. Irgendwie löste ich mich dann aus diesem Zustand und schaffte es wieder weiterzugehen. Da sich das mehrfach wiederholte, stieg meine Frustration. Ich fühlte mich schon fixiert darauf und hatte Angst, wie das weitergehen würde.

Ich brauchte Hilfe und suchte Florian auf. Florian ist mein Arzt, ausgestattet mit Geduld und der Fähigkeit zum Zuhören. Ich erzählte von meinem Erleben. Er hörte mir zu und sagte: „Du hast einen Freeze! Einfach gesagt: Dein Hirn hat ein Mini-Blackout und sendet Störsignale. Wie weißes Rauschen, wie wenn der TV-Sender ausfällt. Aber eigentlich ist es eine Begleiterscheinung von Parkinson. Das Freeze, also das Eingefroren sein, fixiert dich darauf, dass du nicht vom Fleck kommst. Dein Hirn hat keine Idee, wie es weitergehen kann. Dein Hirn und deine Beine brauchen einen Bewegungsimpuls." Das verstand ich. Florian fuhr fort: „Wir lenken jetzt dein Hirn von diesem Zustand ab. Ich habe was für dich. Stell dir dein Freeze, das du erlebt hast, wie einen Schneeball vor. Hast du's?" Ich nickte. „Nimm den Schneeball in die Hände. Puste deinen warmen Atem in deine Hände und lass den Schneeball schmelzen. Schau zu, wie er kleiner wird und schmilzt. Das Wasser tropft aus deinen Händen zu Boden." Ich versuchte das: „Ja, ich kann sehen, wie der Schneeball schmilzt und zerrinnt!" „Reibe jetzt deine Hände und löse dich jetzt aus der Vorstellung. Mach einige Schritte. Bleib nicht auf derselben Stelle stehen!", meinte er. Ich ging einige Schritte im Kreis herum und wandte mich dann Florian zu. „Eines noch", sagte er: „Es geht ums Gehen. Die Vorstellung hilft, dass du aus dem Freeze kommst. Bewegung steht an erster Stelle." „Ich verstehe. Danke", meinte ich und machte mich auf den Weg.

Im 1. Lockdown habe ich diese Übung oft angewandt und sehr schnell erkannt, dass es, wenn das Freeze auftrat, darum ging, nicht auf der Stelle treten zu müssen. Ich hatte etwas zur Hand, womit ich mir einen Bewegungsimpuls geben konnte. Siehe da, es funktionierte. Ich bin in der

Zwischenzeit viele Kilometer gegangen und habe verstanden, dass das Gehen die Medizin ist. Immer wieder habe ich mich aus dem Freeze gelöst und bin weitergegangen. Mein tägliches Pensum sind 7000 bis 10000 Schritte pro Tag. Aus anfänglichem Staksen wurde eine flüssige Bewegung mit Bodenhaftung. Gehen wurde zum Ge(h)nuss! Kraftvoll und entschieden. Für jeden Schritt bin ich dankbar. Bewegung ist ein Grundnahrungsmittel.

Verrückt, aber wahr. Heute bin ich 10400 Schritte gegangen. Weitgehend störungsfrei. Genauer gesagt von Parkinson frei. Kein Freeze. Beim Gehen spüre ich in den Beinen das Leben. Das ist ein Riesenerfolg und ich fühle mich beschwingt und bin dankbar.

Der Coronacrash: Die Sorgen eines Vaters

Beim Abendessen krachten wir zusammen. Das kam so. Bernhard, mein Sohn, erklärte mir, dass er diese Wichtigtuerei mit dem Coronavirus als blanken Unsinn betrachte. Es sei eine Unterdrückung der freien Meinung: „Im Internet stehen unglaublich kluge Sachen, und die Regierung ignoriert das!" Mit meiner Ruhe war es auch zu Ende, und so kam es, wie es kommen musste: „Nichts als fake news, diese Dinge im Internet!", sagte ich, und ein Wort ergab das andere.

Bernhard sprang auf, schmiss das Besteck hin, schnappte sich den Autoschlüssel und verließ grußlos den Raum. Das hatte gesessen. Ich machte mir jetzt Vorwürfe, aber es war zu spät. Wir konnten nur darauf hoffen, dass er wieder nach Hause kam. Bis dato war es so, dass Bernhard viel mit seinen Freunden unterwegs war, es oft spät wurde und er manchmal erst morgens nach Hause kam. Aber am Morgen war Bernhards Bett leer, und ich hatte ein flaues Gefühl im Magen. Meiner Frau ging es ebenso.

Die Stunden schlichen nur so dahin, und unsere Sorgen wurden immer größer. Ich sagte zu meiner Frau: „Er könnte einen Unfall gehabt haben. Ich gehe zur Polizei und melde Bernhard als abgängig.

Ich rief die Polizei an, zwei Beamte kamen. Ich erzählte ihnen alles. Sie nahmen das Protokoll auf. Unfall hatte es in der Nacht keinen gegeben. Das ließ mich aufatmen. Sie rieten mir, bei allen Krankenhäusern in der Umgebung anzurufen, und versicherten mir, dass sie eine Suche einleiten würden. Meine Anrufe waren negativ. Wo war unser Sohn Bernhard?

Die Antwort kam eine Viertelstunde später. Es läutete und am Display meines Handys stand „Bernhard". Mein Herz raste, ich hob ab: „Bernhard, wo steckst du?" Er antwortete: „Papa, es tut mir so leid, ich bin in der Nacht noch zu einem Freund gefahren und habe mich total verschlafen. Ich komme sofort."

Es war still geworden bei uns. Tränen der Erleichterung rannen uns beiden über die Wangen. Bernhard konnte die Aufregung um ihn nicht verstehen. Ich erklärte ihm: „Du hast etwas getan, das du noch nie gemacht hast. Du bist ein Nachtschwärmer, aber am Morgen warst du immer zu Hause. Zudem hatten wir gestern einem Krach miteinander. Wir sind deine Eltern, ich bin dein Vater. Du hättest einen Unfall haben, in einem Krankenhaus liegen können oder sonst irgendetwas. Es war für uns nicht erklärbar. Aus dieser Sorge heraus habe ich die Polizei eingeschaltet, um dich zu finden."

„Wie geht es dir mit unserem gestrigen Konflikt?", fuhr ich fort, „Dir wird wahrscheinlich nicht viel passieren in Bezug auf Corona, aber wir, deine Eltern, sind einem hohen Risiko ausgesetzt. Daher sind wir darauf angewiesen, dass du uns schützt und bei deinen Treffen mit Freunden Abstand hältst." „Ah, so seht ihr das," sagte er, „ja, das verstehe ich und werde es berücksichtigen. Das ist sicher etwas, das ich bis jetzt nicht genug bedacht habe. Eure Sorge bewegt mich. Danke!"

Vorsicht Falle! Betrüger am Telefon!

Es ist 8:42 Uhr. Ich sitze beim Frühstück und lese die Zeitung. Das Handy läutet und die Nummer +49 28673019 wird auf meinem Display angezeigt. Ich hebe ab und da ich die Nummer nicht kenne, sage ich nur: „Hallo?" Ich warte. Es kracht in der Leitung, bis sich eine männliche Stimme in gebrochen Englisch meldet:„Hello, Sir, can you hear me?"Ich sage: „Yes!" „Do you understand me?", fragt mich eine männliche Stimme.„Yes, what do you want?", frage ich misstrauisch.„Hello. I am from Microsoft Company."

Ich lege sofort auf. Klack, aus. Mein sofortiger Rückruf bestätigt meine Annahme, dass es sich hier um eine Internetabzocke handelt. Die Telefonstimme sagt: „Unter dieser Nummer ist uns leider kein Teilnehmer bekannt."

Ich weiß schon, wie es weitergeht. Falsche Mitarbeiter von Microsoft wollen den Computer von angeblichen Viren befreien und sich um die Software Windows kümmern. Dazu brauchen Sie einen Fernwartungszugriff auf den Rechner, den man gestatten solle. Das Wartungspaket kostet nur 400 €.

Tatsache ist, dass die Berichte von Geschädigten erzählen, dass die Folge eines Eingriffes von „Microsoft - Ingenieuren" dazu führt, dass der komplette Bildschirm blockiert oder/und beim Surfen im Internet automatisch auf unseriöse Seiten umgeleitet wird. Oder der PC gar nicht mehr funktioniert.

Ermittler aus Deutschland sind in Indien gegen betrügerische Callcenter vorgegangen. Das Landeskriminalamt (LKA) hat die Spur vieler Anrufe in das Land zurückverfolgt und dort eine Durchsuchung mit indischen Kollegen durchgeführt. Mehrere Personen seien nun in Haft und Callcenter wurden außer Betrieb gesetzt. Die Strafanzeigen in Deutschland seien seitdem spürbar zurückgegangen. Ermittler wissen von mehr als 7500 Geschädigten in Deutschland.

Ich finde diesen Anruf lachhaft, denn ich bin fein raus. Zumindest in diesem einen Fall. Ich habe einen Apple Computer und keine Windows Software. In einem anderen Fall hat es mich allerdings kalt erwischt. Das kam so. Es ist erst zwei Monate her, da hatte ich eine Software aus dem Play Store heruntergeladen. Irgendwie nistete sich ein Trojaner bei mir ein, was ich zu diesem Zeitpunkt nicht wusste. Ich dachte mir, dass meine Software einen Schaden hatte und rief beim Support an und ersuchte um Hilfe. Nach eingehendem Check meiner Software war klar, dass die Störung nicht davon herrührte. Was war zu tun? „Haben Sie ein Backup Ihrer Festplatte?" war die Frage, die ich bejahen konnte. „Dann löschen Sie jetzt iIhre Festplatte und setzten Sie diese neu auf!" Gesagt, getan. Mit genauen Anweisungen versehen machte ich mich ans Werk. Nach einer Nacht Arbeit und dem Übertragen aller Daten vom Backup war am nächsten Tag mein Computer wieder einsatzbereit. Nochmal gut gegangen. Es hätte schlimmer kommen können.

Die Internetkriminalität hat dramatisch zugenommen. Mein Rat: Ruft Sie eine Nummer auf Ihrem Handy an, die sie nicht kennen, nehmen se bitte nicht ab. Auch wenn Sie der Finger noch so juckt.

Gib deinem Engel eine Chance

Wir, meine Frau Ingrid und ich sind nach Florenz gereist. Die lange Reise ist ideal, um meine Gedanken kreisen zu lassen und an meinem Buch „Gib deinem Engel eine Chance" zu arbeiten. Die Basis des Buches ist die Haltung der Dankbarkeit. Ein Leitsatz von mir ist: "Ich bin dankbar und gut drauf!" Und zwar wie das Leben ist! Die Übung der Dankbarkeit ist das Antidepressivum meines Lebens. Und von Depression verstehe ich etwas. Vor einigen Jahren hatte mich die Depression voll im Griff. Das habe ich geändert!

Ingrid und ich verlassen das Hotel und wollen einen Ausflug machen. Brausender Verkehr umfängt uns. Unser Ziel ist Fiesole, das etwas außerhalb von Florenz auf einem Hügel gelegen ist. Dort befinden sich etruskische und römische Ausgrabungen mit einem Amphitheater und man soll einen wundervollen Blick über Florenz haben.

Wir machen uns auf den Weg zum Bus Nummer Nr. 7. Die Busstation ist gleich hinter dem Hauptbahnhof, in dessen Nähe unser Hotel gelegen ist. Wir haben kein Problem, sie zu finden. Jetzt brauchen wir jetzt nur noch ein Busticket. Dann kann es losgehen.

Bustickets werden in Italien in den Tabacchi verkauft. Diese sind an den großen T's auf blauem Hintergrund erkennbar. Nach einigem Suchen finden wir einen Ticketshop und stellen uns in der Warteschlange an. Als wir endlich drankommen, heißt es: Sold out. Wir sind frustriert. Es hilft alles nichts, wir müssen weitersuchen.

Ein hilfsbereiter Mann, der unsere Not versteht, zeigt mit den Händen in den Bahnhof hinein und sagt: Tabacchi. Ticket, Ticket. Als wir dann nach einer riskanten Straßenüberquerung bei dem Shop ankommen, stellen wir fest: Hier war ein Tabacchi, jetzt ist hier eine Parfümerie. Die Verkäuferin weiß Rat und zeigt auf die Rolltreppe nach unten. Dort gibt es eine Ticketmaschine, meint sie. Die Rolltreppe in das Untergeschoss ist ein richtiger Genuss und wir fühlen uns schon fast am Ziel. Ja, es gibt die Ticketmaschine, aber leider nur für Bahntickets. Ich bin frustriert. Ingrid sagt: "Aufgeben gilt nicht!" Mir fällt gerade jetzt mein Leitsatz der Dankbarkeit ein, für ein Leben wie es ist. Ich hadere und schimpfe innerlich auf Italien. Nein! So wie es jetzt ist, will ich es sicher nicht!

Mich erreicht die Stimme meiner Frau. Sie winkt mir und ruft, dass ich kommen soll. "Dort vorne," sagt sie, "soll ein Buchgeschäft sein und die verkaufen Bustickets." Sie zeigt in Richtung Ausgang und ist schon unterwegs. Was soll ich sagen? Diesmal hat es geklappt.

Erschöpft sitzen wir nach dieser Anstrengung im Bus Nr. 7. nach Fiesole. Als wir auf den Hügel hinauffahren, breiten sich die Olivenhaine links und rechts aus. Sie sind durchzogen von den spitzen Bäumen, die so typisch für die Toskana sind. Oben angekommen, breitet sich die weite Landschaft vor uns aus. Florenz liegt uns zu Füßen. Hier zu sein, die herrliche Luft zu atmen, den Wind zu spüren, macht die ganze Anstrengung vergessen.

Ich erlebe mich mit meiner Frau im Einklang und fühle mich dankbar.

Der Wunsch Engel

Wir sitzen gemütlich beim Mittagessen und erzählen einander die Begebenheiten vom Vormittag. Beim Kaffee sagt meine Frau auf einmal zu mir: „Du hast doch so einen guten Draht zu deinem Engel." „Ja, an sich schon...!", antworte ich und schaue sie fragend an. „Was meinst du damit?" Sie blickt schelmisch drein und meint: „Naja, du solltest deinem Engel eine Chance geben!" Sie lacht mich an und fährt fort: „Geh doch in die Trafik und kaufe einen Lottoschein. Für heute, Freitag. Heute wird ein zweifacher Jackpot ausgespielt und das ist eine Menge Geld." „Ja, ich habe jahrelange Erfahrungen mit Engeln oder zumindest einen guten Draht zu Engeln. Aber gehen Lotto und Engel zusammen?" „Ausprobieren!", sagt meine Frau. Ich nehme mir für den Nachmittag vor, einen Lottoschein zu besorgen.

Ich bin jetzt am Weg in die Trafik, um den Lottoschein zu holen. Bei der heutigen Lottoziehung wollen tausende Menschen reich werden, denn es gibt Millionen Euro zu gewinnen. Das Lottospiel ist ein Glücksspiel. Hilft mir da mein Engel? Zugegeben, ich habe schon viele überraschende und erstaunliche Erfahrungen gemacht. Ich würde sagen, ich habe so etwas wie einen siebten Sinn. Aber mit einem Lottoschein habe ich noch nie experimentiert.

Mir fällt eine Geschichte ein: Moische, ein gläubiger Jude, betet: „Lieber Gott, bitte lass mich im Lotto gewinnen." Am nächsten Tag betet er wieder: „Herr, bitte mach, dass ich im Lotto gewinne." So geht das Tag für Tag. Nach einem Jahr betet Moische immer noch: "Lieber Gott, bitte lass mich auch mal im Lotto gewinnen." Nichts passiert. Der Mann betet tapfer weiter, dann erhellt sich plötzlich der Raum und eine tiefe, laute Stimme spricht zu ihm: „Moische, gib mir eine Chance, kauf dir endlich einen Lottoschein!" Das will ich auf jeden Fall tun. Ich spüre ein Kribbeln auf der Haut und das ist ein gutes Zeichen.

Ich betrete die kleine Trafik in unserem Ort. Das Glockenspiel an der Tür macht auf mich aufmerksam. Ich bin allein in der kleinen Trafik. Ein Mann tritt aus einem hinteren Raum heraus und begrüßt mich freundlich: „Was kann ich für Sie tun?", fragt er. „Ich möchte gerne einen Lottotipp abgeben und den zweifachen Jackpot knacken." Er lacht herzlich und meint: „Das will ich auch schon lange." „Und?", frage ich. „Zwei Euro habe ich bisher gewonnen", antwortet er. „Sie machen damit nicht gerade Werbung für das Lottospielen", sage ich. „Ach", meint er achselzuckend, „ich verdiene ja sowieso nichts dabei." – „Ich spiele heute, weil meine Frau gesagt hat, ich soll einen Tipp abgeben, denn heute gibt es einen Doppeljackpot." Er nickt bestätigend mit dem Kopf und fragt: „Mit oder ohne Joker?" „Mit Joker!", antworte ich. "Was kostet der Tipp?" Er tippt auf seiner Maschine herum, reicht mir den Lottoschein über den Tresen und antwortet: "12 Euro, mein Herr!" Ich reiche ihm das Geld und er ergänzt noch: „Dann alles Gute!" Beim Verlassen danke ich mir selbst: „So, jetzt hat mein Engel seine Chance."

Der Lottogewinn

Gut gelaunt bin ich am Weg in die Trafik, um mir den Lottogewinn abzuholen. Als ich mit dem Lottoschein in der Hand meine Frau rief: „Ich habe ihn! Jetzt müssen wir nur noch gewinnen!", antwortete sie lachend: „Ich bin dabei!" Heute ist es soweit. Gestern war die Lottoziehung und heute lasse ich meinen Lottoschein elektronisch überprüfen. Und dann wird kassiert! Na ja, vielleicht. Ich bin gespannt.

Beim Eintreten in die Trafik werde ich vom Trafikanten lachend begrüßt: „Willkommen! Jetzt holen Sie wohl Ihren Gewinn ab? Aber Sie wissen schon, dass der Doppeljackpot nicht geknackt ist." Ich nicke bestätigend, hole meine Geldtasche heraus und entnehme den Lottoschein. Ich überreiche ihn dem Trafikanten. Er nimmt ihn entgegen, faltet ihn auseinander und hält den Strichcode an das Lesegerät. Dann wartet er kurz und sagt dann mit unbewegter Miene zu mir: „Sie haben 4,20 Euro gewonnen." Fragend schaut er mich an: „Soll ich das Geld auszahlen oder wollen Sie den Gewinn in einen weiteren Lottotipp investieren? Die nächste Lottoziehung am Sonntag ist ein Dreifachjackpot." Ich denke kurz nach und antworte: „Nein, danke. Ich mache keinen neuen Einsatz. Bitte zahlen Sie mir den Gewinn aus!" Er öffnet die Kasse, holt die Münzen heraus und händigt mir das Geld aus. Ich verabschiede mich und verlasse die Trafik.

Direkt gegenüber der Trafik betreibt ein Grieche einen Obststand. Ich gehe hinüber und schaue mir das Obst an. Da gibt es Trauben, Granatäpfel, Bananen, Äpfel und griechische Spezialitäten, Olivenöl und verschiedene Käsesorten. „Alles frisch aus Griechenland", sagt der Verkäufer. „Willst du probieren?" Ich bin zurückhaltend. Ich kenne das schon. Erst probieren, dann kaufen! Er kann ziemlich hartnäckig sein. Mir steht der Sinn nicht nach Obst. Aber, ich will meinen Gewinn ausgeben! Jetzt habe ich es. Mein Auge fällt auf eine Packung Tsatsiki. Joghurt mit hohem Fettanteil, Gurken, Olivenöl und Knoblauch ergeben einen intensiven Geschmack. Ich liebe Tsatsiki. Mir rinnt das Wasser im Mund zusammen. Ich zeige mit dem Finger auf die Packung und frage: „Was kostet das Tsatsiki?" Der Grieche strahlt mich an. Er sagt: „Wirklich eine gute Wahl. Köstlich und frisch! Spezialpreis 5 Euro!" Ich bin einverstanden, lege noch 80 Cent auf meinen Gewinn drauf, gebe ihm das Geld und nehme den Becher Tsatsiki in Empfang.

Ich habe den Gewinn in ein schmackhaftes Nahrungsmittel verwandelt und freue mich auf das Abendessen. In mir war die Erinnerung an unseren einwöchigen Urlaub auf Korfu wach geworden. Wir wohnten in einem Hotel direkt am Meer, erlebten wundervolle laue Nächte. Das Meer war ruhig und ein leichter Wind wehte herüber. Bei einem Glas Mavrodaphne aßen wir Tsatsiki mit frischem Weißbrot und schwarzen Oliven. Es wurde als Vorspeise zum gegrillten Fisch serviert. Ich bin dankbar für die 4,20 Euro. Was wird meine Frau zum Gewinn sagen? Aber ich bin mir sicher: Heute feiern wir unseren Engel.

Meine Zen Katze

Gott schenkte dem Menschen die Katze, damit er einen Engel zum Streicheln hat.

Unsere Katze heißt Sunny und hat ein schwarzes Fell. Auf der Brust und am Bauch hat sie einen weißen Fleck. Sunny ist mein Zen-Meister. Sie ist eine Mittlerin zwischen den Welten. Sie hat die Fähigkeit, Krisen aufzulösen und schenkt jedem ihre Wärme. Was in der japanischen Tradition das OM ist, ist bei meiner Katze ihr andauerndes Schnurrrr. Verbunden damit ist ein feiner, kaum wahrnehmbarer Atemstrom. Ihre Fähigkeit: Hat jemand Kummer und nimmt Sunny in den Schoß, beginnt sie zu streicheln, spürt das seidenweiche Fell und die sanfte Massage der Fingerkuppen, verringert sich sein seelisches Leid auf der Stelle.

Wenn Sunny Hof hält, dann werden Männer wie Frauen zu Kindern. Sie verneigen sich vor ihr und heben sie behutsam hoch. Reden unverständliches Zeug, beginnen zu brabbeln. Sunny liebt es aber, je nach weiblich oder männlich an die Brust genommen zu werden, um sich dann, wenn die Trägerin langes Haar hat, darunter zu verbergen. Das ist dann Schleier-Zen. Bei Männern legt sie sich auf den Unterarm, um, wenn beide Arme verschränkt sind, sich wie auf einem Kanapee auszubreiten. Dann versenkt sie sich in der Zen-Meditation und breitet Ruhe und Behagen über den gelehrigen Zen-Schüler aus, den Zustand von Satori, das Erlebnis der Erleuchtung.

Sie ist natürlich keineswegs dem Herumtoben abgeneigt, jagt hinter einem Ball her oder steht zwischen den beiden Tischbeinen als improvisiertem Tor und hält (nahezu) jeden Ball, der ihr zugeschossen wird. Im Garten ist ein begeisterndes Erlebnis, wenn sie den Baum hinaufhechtet. Die Krönung aller Ausdrucksformen ist, wenn Sunny ihren Schwanz zu einer Klobürste verwandelt und sie den berühmten Katzenbuckel macht und dabei jedes einzelne Haar zu Berge steht.

Sunny ist in der Lage, jeden glücklich zu machen. Mit diesem Geschenk geht sie wirklich verschwenderisch um. Hin und wieder kann sie einem auch eine Lektion erteilen, wenn man zum Beispiel Erfahrung mit ihren Krallen macht. Oder wenn sie das Hosenbein hinaufklettert und sich dann an der Jacke weiter hinaufhangelt. Ist sie dann endlich beim Nacken angelangt, reibt sie ihren Kopf genüsslich am Ohr.

Sunny verfügt über eine einzigartige Fähigkeit, die einen wahren Zen-Meister auszeichnet. Sie mag auf der Fensterbank oder auf der Heizung liegen, in tiefer Mediation versunken. Im nächsten Moment ist sie hellwach und präsent. Ich genieße, wie unsere Katze in ihrer natürlichen Haltung präsent ist. Sie hat Zen einfach drauf.

Sie hat mich viel gelehrt. Lebendig sein. Loslassen. Achtsam sein. Eine wahre Meisterin des Lebens.

(Wem Zen wenig sagt, bitte Googeln!)

Der Ätna : Der Berg spricht

„Welche Begegnung hat dein Leben nachhaltig verändert? Außer die mit mir natürlich!", fragt mich meine Frau Ingrid und fährt fort: „Nicht irgendwas, sondern, was dich richtig getroffen hat!"

„Spannende Frage! Erlebt habe ich viel!", sage ich und tauche in meine Erinnerungen ein. Es dauert nur kurz, dann habe ich die Antwort: „Es ist der Tag, an dem ich in Sizilien auf dem Ätna war und der Vulkan drei Kilometer vor mir ausbrach!" „Erzähl!" forderte Ingrid mich auf.

„Vor einigen Jahren war ich am Ätna, ziemlich weit oben. Der Berg ist 3300 Meter hoch und war der unbestreitbare Höhepunkt unserer Sizilienreise. Es war ein strahlender Tag. Wir waren mit der Seilbahn hinauf gefahren und man sah auf das Meer hinaus. Wir stapften über den schwarzen Boden, der aus kleinen Lavabrocken bestand. Es war windstill. Eigenartig windstill. Dann war ein tiefes Grollen zu hören. Was war das? Einige Menschen in meiner Umgebung, die ebenfalls auf dem `Monte Bello´ waren, blickten beunruhigt um sich. Aber es war nichts Bedrohliches zu erkennen. Der ortskundige Ranger allerdings erkannte die Gefahr und brüllte wild gestikulierend, dass die Leute, die schon vorausgegangen waren, sofort zurückkommen sollten. Die Spannung war mit den Händen zu greifen. Die Luft vibrierte elektrisch. Jetzt ging es schnell. Die Erde bebte leicht.

Der Vulkan erwachte mit einem tiefen, donnernden Grollen und entlud eine schwarze Säule in den Himmel. Feuerzungen mit Lava vermischt schossen hunderte Meter empor. Die Sonne verdunkelte sich, und die Finsternis fiel herab. Mir war eiskalt. Ich fühlte mich von einer Faust nach hinten geschoben, aber ich konnte mich nicht bewegen. Ich stand starr, angewurzelt und zitterte am ganzen Körper. Fasziniert und gebannt vom Geschehen, blieb die Aufforderung des Rangers `Lauft hinunter! ´ ohne Wirkung. Ich lief nicht, konnte einfach nicht. Panik, Angst und Schock hüllten mich ein. Eine Naturgewalt brach sich ihren Weg frei, unmittelbar vor meinen Augen. Unfassbar, furchteinflößend, irreal und doch real. Ein feiner Aschenregen legt sich auf uns wie schwarzer Schnee. Als ich mich endlich langsam in Bewegung setzen konnte, knirschte der Boden unter meinen Füßen mit jedem Schritt. Das konnte ich begreifen, das war real und gab mir ein Stück Sicherheit. Dann brach die Sonne durch die Dunkelheit.

Da erinnere ich mich daran, dass mir ein Freund vor der Reise gesagt hatte: „Pass auf! Der `Monte Bello ´, so wird der Ätna von den Einheimischen genannt, spricht. Wenn du den Berg hörst, dann lass ihn bei dir ankommen." Aber damit wusste ich zu dem Zeitpunkt nichts anzufangen. Ich muss ziemlich schockiert gewirkt haben, denn Ingrid legt plötzlich den Arm um mich und hält mich fest. Ich bin geschockt und erlebe jetzt noch einmal die Naturgewalt, der ich ausgesetzt war.

"Ich versteh dich," sagt Ingrid, "der Berg spricht zu allen, die am Ätna sind. Aber du hörst ihn bis heute! Was antwortest du ihm?" "Hier bin ich!", sage ich bewegt. "Danke Ätna!"

Kurt P. Bauer

Mein Name ist Kurt Bauer. Ich bin 74 Jahre alt. Gefühlt bin ich wesentlich jünger. Ich erzähle Geschichten, die sich in meinem Leben ereignet haben. Mutgeschichten, Angstgeschichten. Liebesgeschichten, Energiegeschichten. Immer sind es Begegnungen, die mich verändert haben. In diesen Geschichten gibt es Übungen, die mir geholfen haben. Probiert sie aus. Mir haben sie geholfen. Viel Freude beim Lesen! Kurt Bauer

Alle Storys von Kurt P. Bauer zu finden auf
www.story.one

schreib's auf
story.one

Viele Menschen haben einen großen Traum: zumindest einmal in ihrem Leben ein Buch zu veröffentlichen. Bisher konnten sich nur wenige Auserwählte diesen Traum erfüllen. Gerade einmal 1 Million publizierte Autoren gibt es derzeit auf der Welt - das sind 0,013% der Weltbevölkerung.

Wie publiziert man ein eigenes story.one Buch?

Alles, was benötigt wird, ist ein (kostenloser) Account auf story.one. Ein Buch besteht aus zumindest 15 Geschichten, die auf story.one veröffentlicht werden. Diese lassen sich anschließend mit ein paar Mausklicks zu einem Buch anordnen, das sodann bestellt werden kann. Jedes Buch erhält eine individuelle ISBN, über die es weltweit bestellbar ist.

Auch in dir steckt ein Buch.

Lass es uns gemeinsam rausholen. Jede lange Reise beginnt mit dem ersten Schritt - und jedes Buch mit der ersten Story.

#livetotell

Zeitfracht Medien GmbH
Ferdinand-Jühlke-Straße 7
99095 Erfurt, Deutschland
produktsicherheit@kolibri360.de